CaCO3

Für Raphael. Hör nie auf, Fragen
zu stellen. – C. D.

Für meinen geliebten Frosch, Y. – Y. Y.

Dieses Buch ist Teil unseres Programms E. A. SEEMANNs BILDERBANDE.
Es umfasst Bücher und Spiele, die Kindern mit viel Spaß die bunte Welt der Kultur eröffnen:
Malerei, Architektur und Kulturgeschichte, Musik, Oper, Theater und Tanz.
Die BILDERBANDE macht Bücher zum Entdecken, Geschichten zum Vorlesen und Spiele.
Mehr erfahrt ihr auf www.seemann-henschel.de,
wo wir auch zum Thema „Kunst für Kinder" bloggen.
www.instagram.com/seemann_henschel_verlagsgruppe
www.facebook.com/seemann.henschel

© 2023 E. A. Seemann Verlag in der E. A. Seemann Henschel GmbH & Co. KG, Leipzig
Zuerst erschienen 2022 unter dem Titel *Built by Animals* bei Wide Eyed Editions,
ein Imprint von The Quarto Group.
Text © 2022 Christiane Dorion
Illustrationen © 2022 Yeji Yun

Projektmanagement: Caroline Keller
Lektorat: Nadine Fischer, Pia Wormsbächer, Leipzig
Satz: Gudrun Hommers, Berlin
Produziert in Guangdong, China

Bibliografische Information der Deutschen Nationalbibliothek
Die Deutsche Nationalbibliothek verzeichnet diese Publikation
in der Deutschen Nationalbibliografie; detaillierte bibliografische Daten
sind im Internet über http://dnb.dnb.de abrufbar.

ISBN 978-3-86502-495-4

FSC
www.fsc.org
MIX
Papier | Fördert
gute Waldnutzung
FSC® C016973

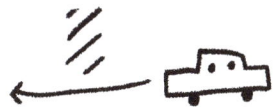

VON AMEISE BIS WOMBAT:
TIERISCH GENIALE BAUTRICKS FÜR UNSERE ZUKUNFT

Christiane Dorion • Yeji Yun

aus dem Englischen von Alexandra Titze-Grabec

E.A.SEEMANNs
BILDERBANDE

INHALT

LIEBE LESERINNEN UND LESER,

wie bewegt ein Heer von Ameisen Tonnen von Erde ohne Bagger? Wie bauen Honigbienen gemeinsam einen Bienenstock? Und wie fällen wir fleißigen Biber Bäume, um ganz ohne riesige Geräte Dämme zu errichten?

In diesem Buch lernt ihr einige der besten Architekten, Designer und Baumeister der Tier- (und Pflanzen!)-Welt kennen. Obwohl unsere Werkzeugkiste bescheiden ist, wissen wir doch, wie man erstaunliche Strukturen baut, superstarke Materialien herstellt und clevere Methoden ersinnt, um es schön warm oder kühl zu haben. Dafür brauchen wir nur sehr wenig Energie und verschwenden nichts. Wenig überraschend wenden sich die Menschen an uns, damit wir ihnen helfen, bessere Designs, Formen und Materialien für ihre eigenen Gebäude zu entwickeln.

Ehrlich gesagt tun wir das schon seit Jahrmillionen, wir hatten also genügend Zeit, um Bautechniken und Materialien zu perfektionieren. Vielen Dank an all meine tierischen Kollegen, dass sie ihr Wissen mit uns teilen!

Viele Grüße,

Euer Biber

··· Honigbiene ···
MEISTERIN DER GEOMETRIE

Ich bin eine fleißige Arbeitsbiene.
So viel zu tun, so wenig Zeit!
Jede von uns hat eine wichtige Aufgabe in
unserer großen Kolonie. Als ältere Biene suche ich
nach Nahrung. Ich düse von Blüte zu Blüte und
sammle süßen Nektar und Blütenstaub. Die jungen
Arbeiterinnen im Stock verwandeln den Nektar
in Honig und verstauen ihn für den Winter.
Sie kümmern sich auch um die Königin,
sehen nach deren Kleinen, putzen
den Stock und schützen ihn vor
Eindringlingen. Nichts als Arbeit,
Arbeit, Arbeit!

Das ist der prächtige Stock,
in den unsere Königin ihre Eier
legt. Hier wohnen auch
die Drohnen, mit denen sie
sich paart. Er ist unser aller
Zuhause und unsere Speisekammer. Für seinen Bau
stellen wir unsere eigenen
Materialien her. Mit besonderen Drüsen erzeugen wir
Wachs, das wir weich
kauen und zu perfekten
Waben formen.

WER IST WER?

KÖNIGIN

DROHNE

ARBEITERIN

Seit Urzeiten essen die Menschen unseren köstlichen Honig. Nun sind sie auch von unseren Baukünsten fasziniert. Unser Gehirn ist zwar nur samenklein, doch wir wissen genau, wie man das perfekte Zuhause für tausende fleißige Bienchen baut. Unser Geheimnis ist das Hexagon, das sechs gleich lange Seiten hat. Es ist leicht und trotzdem stabil, und bietet maximalen Raum bei minimalem Einsatz von wertvollem Wachs.

Die Struktur unserer Bienenstöcke lässt die menschlichen Baumeister vor Staunen brummen. Sie kopieren ihn, um neue Konstruktionen zu entwickeln, die leicht und stark sind. Auf der ganzen Welt entstehen Gebäude aus Sechsecken. Diese riesige Kuppel aus durchsichtigen Platten und Stahl ist ein gigantisches Gewächshaus. Wie ein Bienenstock ist sie sehr stabil, mit minimalem Materialeinsatz. Clever, oder?

Muss weiterdüsen! So viel zu tun, so wenig Zeit!

HONIG

TEAMWORK

SCHÖNER WOHNEN

MIT DROHNEN

HEXAGONASTISCH

EDEN PROJECT, GB

11

··· Korallenpolyp ···
MEERES–ARCHITEKT

Ich sehe vielleicht aus
wie eine phänomenale Pflanze
oder ein seltsamer Stein, aber ich bin
tatsächlich ein winziges Tier!
Als Korallenpolyp lebe ich in flachen
tropischen Gewässern, wo es
ordentlich Licht und warmes Wasser gibt.
Im Gegensatz zu anderen Tieren
hafte ich an einem Ort. Mit meinen
Tentakeln fange ich Nahrung,
die vorbeischwebt und stecke sie
in meinen Mund. Mit tausenden
anderen Polypen bilde ich
eine kolossale Kolonie.

KORALLEN-SAGEN

Ich schütze meinen geleeartigen Körper
mit einem harten Außenskelett
und entziehe dem Wasser Mineralien,
um Kalk herzustellen. Im Laufe von Jahrhunderten bilden die harten Schalen aller Polypen
sehr langsam ein wunderschönes Riff.
Dieses ist unser Zuhause und bietet auch
vielen Fischen Nahrung und Schutz.
Eine geschäftige Unterwasserstadt.

Auch Menschen errichten riesige Bauten – mit einem Material namens Zement. Dafür holen sie mit gewaltigen Maschinen Kalk aus dem Boden. Die Steine werden zerstoßen und gemahlen, in einem gigantischen Ofen erhitzt und wieder gemahlen. Zementfabriken verschmutzen die Luft und tragen zur globalen Erwärmung bei. Durch die immer wärmeren Ozeane drohen unsere Riffe zu verschwinden.

SO BAUEN WIR KORALLEN

MUND

STECHENDE TENTAKEL

POLYPEN

GELEE-ARTIGER KÖRPER

HARTES SKELETT

Einige kluge Menschen haben uns um Rat gefragt. Inspiriert von unseren Riffen haben sie eine neue Art von Zement entwickelt, für den sie umweltschädliche Gase (CO_2) aus einem Kraftwerk einfangen und mit Meerwasser vermischen.

Viel besser für den Planeten und auch für unsere Riffe!

KORALLENBAU

Globale Erwärmung

NEIN zu PLASTIK

··· Ameise ···
UNTERIRDISCHER ARCHITEKT

Ameisen sind bekannt dafür, in Reih und Glied zu marschieren, Küchenschränke zu plündern und Picknicks zu ruinieren. Aber wusstet ihr, dass wir auch talentierte Architekten sind? Wir bauen großartige mehrstöckige Häuser unter der Erde. Da wir zu Tausenden zusammenleben, müssen wir gut organisiert und tolle Teamarbeiter sein.

KÖNIGINNEN-KAMMER

MÜLLRAUM

Unser Zuhause besteht aus Zimmern, die durch Tunnel miteinander verbunden sind. Einige dienen als Speisekammer, andere als Kinderzimmer oder Müllraum. Im größten Zimmer legt unsere Königin ihre Eier. All das bauen wir ohne Plan oder Anleitung. Wir entfernen Dreck mit unseren kieferartigen Mundwerkzeugen. Über Duftspuren kommunizieren wir miteinander. Stau gibt's bei uns nicht!

Menschen wundern sich über unsere beeindruckenden Untergrundstädte. Inspiriert von unserem Teamwork haben sie Anleitungen für ihre superklugen Computer geschrieben, damit eine große Anzahl Roboter und andere Maschinen sich miteinander verbinden und effizienter zusammenarbeiten.

Wir sind vielleicht winzig klein, aber gemeinsam sind wir eine Supermacht!

KINDERSTUBE

SPEISEKAMMER

1 AMEISE BAUT KEINE KOLONIE

BAUARBEITEN IM GANGE

ARBEITERINNEN-BAU

… Biber …

DAMM-BAUER

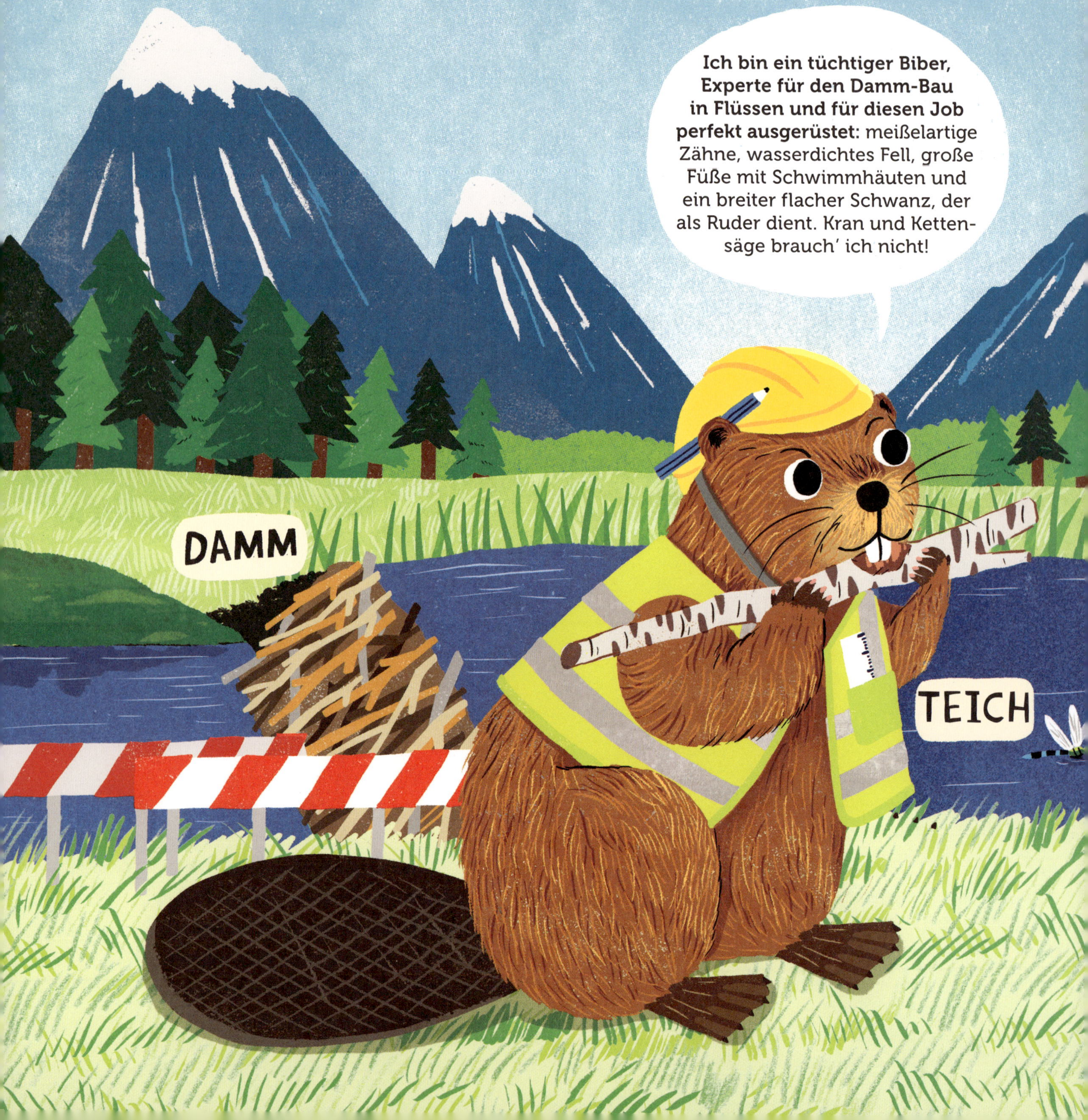

Der Hausbau ist Familiensache und selbst die Jüngsten helfen mit.
Wir fällen Bäume mit unseren scharfen Zähnen und bauen aus Ästen
und Schlamm einen Damm. Dieser verlangsamt die Flussströmung
und schafft einen Teich, in dem wir unseren Bau errichten.
Der Clou ist der geheime Unterwassereingang! Der neue Teich
ist Lebens- und Nahrungsraum für Enten, Fische, Insekten
und viele andere Tiere.

FLUSSHÜTTE

UNTERWASSER
EINGANG

BIBER-
BAU-
STELLE

Die Menschen könnten sich einiges abschauen von unserer Ingenieursarbeit!
Der Klimawandel bringt oft Überflutungen und Dürre, und wir helfen, indem wir die Strömung
verlangsamen und Wasser sammeln, wenn es viel regnet. Eine natürliche Biber-Lösung als
Hochwasserschutz! Wir brauchen nur ein bisschen Platz für die Bauarbeiten.

Tschüüß, muss weitermachen und Dämme bauen!

··· Gopherschildkröte ···
WOHNHÖHLEN-WG

Ich bin vielleicht ein langsames, uraltes Reptil, aber auch eine sehr erfahrene Baumeisterin. Meine Heimat ist der Südosten der USA, wo ich als Schutz vor Sonne, Kälte und Feuer tiefe Höhlen grabe. Der Bau ist schlicht und effizient: ein sehr langer Tunnel mit einem Eingang, breit genug, damit ich mich umdrehen kann.

Trockene, sandige Erde ist perfekt für tiefe Grabungen. Ich grabe mit meinen breiten, schaufelartigen Vorderbeinen und stoße mich mit meinen starken Hinterbeinen ab. Mein Zuhause ist gemütlich und nie zu heiß, zu kalt, zu feucht oder zu trocken.

GOPHER-SCHILDKRÖTEN-HÖHLE →

Ich teile meinen Wohnsitz zwar nicht mit anderen Schildkröten, habe aber oft Gäste. Sobald der Bau fertig ist, ziehen viele andere Tiere wie Frösche, Mäuse, Skorpione und Schlangen ein. Als Vegetarierin bin ich keine Bedrohung für sie und dank meines harten Panzers bin ich auch kein schildkrötiger Snack.

Nur wenige andere Lebewesen haben mein Grabtalent. Gäb's mich nicht, wären einige in Schwierigkeiten. Vielleicht lernen die Menschen von einer alten Gopherschildkröte, Wohnungen und Städte so zu bauen, dass sie Tieren helfen. **Wir können alle zufrieden zusammenleben!**

HAUSDESIGNS

Tierische Architekten wie wir bauen aus verschiedenen Gründen:
Um ein Haus für unsere Jungen zu errichten, es warm oder kühl
zu haben, als Platz für ein Nickerchen oder auch um anzugeben.
Unsere Bauten sind aus Materialien, die wir leicht in die Hände,
Pfoten oder Krallen kriegen. Alles lokal und abfallfrei – bis auf das,
was wir uns von euch Menschen borgen!

Schimpanse

BETT MIT AUSSICHT

Hauptsache, ich schlafe in der Nacht
gut! Jeden Tag baue ich ein neues Nest
für den perfekten Schlafplatz. Ich wähle
den besten Baum und flechte seine
biegsamen Äste zu einer stabilen Platt-
form. Eine weiche Matratze aus frischen Blättern sorgt für Kuschelkom-
fort. So ein 1a-Ingenieur wie ich fällt
sicher nicht aus dem Bett!

Köcherfliegenlarve
EIN HAUS AUS STEIN

Ich baue, um mich zu beschützen! Wenn ich groß bin, fliege ich weg. Aber als kleine Larve bin ich verletzlich in meiner Unterwasserwelt. Also baue ich mir ein mobiles Zuhause, indem ich Kiesel, Sand und Zweige mit einer selbstgemachten Seide verklebe. Wohin ich gehe, geht auch mein Haus!

Seidenlaubenvogel
GROßES DESIGN

Ich baue, um meine Liebste zu beeindrucken! Meine Laube besteht aus zwei Wänden aus Zweigen und einem Mittelgang. Dann folgt eine eindrucksvolle Schau bunter Schätze – Blütenblätter, Federn, Muscheln, Beeren oder Leihgaben der Menschen. Blau ist meine Lieblingsfarbe. Hilft das alles nicht, überzeuge ich sie mit meinen Sing- und Tanzkünsten!

21

··· Lotusblume ···
MAKELLOS REIN

Ich heiße Herr Rosenkäfer und verrate euch etwas über diese grandiose Lotusblume! Sie erhebt sich aus dem schlammigen Wasser und entfaltet ihre großen Blüten im warmen Sonnenlicht. Dabei verströmt sie Hitze und einen edlen Duft, der kleine Kreaturen wie mich anlockt, die nach Essen suchen. Bricht die Nacht an und die Blume schließt sich, bleibe ich wegen des warmen Plätzchens und des Pollen-Buffets. Am nächsten Morgen bringe ich den Pollen zur nächsten Lotusblume. So entstehen neue Pflanzen.

Obwohl sie in schlammigen Gewässern wächst, bleibt diese Blume makellos rein. Wie schafft sie das? Ihre Blätter sehen zwar glatt aus, doch sie sind tatsächlich mit tausenden von winzigen, wächsernen Beulen besetzt. Darauf sammeln sich Wasserperlen, die bei der geringsten Brise abperlen und den Schmutz mit sich nehmen. Da klebt nichts!

ArtScience Museum, Singapur

Die Schönheit der Lotusblume war auch Inspiration für ein paar echt coole Bauten in der Menschenwelt, von einem Museum in Singapur bis zu einem indischen Tempel.

Diese faszinierende Blume beherbergt Käfer wie mich, und ihr Design beherbergt jetzt auch Menschen!

Die Menschen haben das Selbstreinigungs-rätsel der Lotusblume gelöst und kopieren nun die clevere Textur der Blätter für alle möglichen Dinge im Freien, die sauber bleiben sollen, wie Farbe, Glas, Fliesen oder Stoffe. Reinigung nur mit Regenwasser ist eine großartige Idee und die Lotusblume hat das schon vor Jahrmillionen heraus-gefunden!

SAUBER BLEIBEN

YOGA *für* KÄFER

Flower Power

LOTUS-EFFEKT-FARBE

··· Miesmuschel ···
SUPERKLEBER

Das Leben einer Muschel ist wie die Gezeiten – es gibt Höhen und Tiefen! Wir Muscheln klumpen uns gerne an der Küste zusammen und heften uns an Felsen, damit wir nicht von den Wellen weggespült werden. Wenn wir bei Ebbe jedoch freiliegen, werden wir zum Snack für hungrige Seevögel. Und riskieren natürlich auch, auf einem Berg Spaghetti zu landen.

Kleber

Jede von uns baut sich aus Meeresmineralien ein stabiles Haus, um ihren weichen Körper zu schützen. Es besteht aus zwei Schalen, die sich mit ein wenig Muschelkraft schließen, wenn Gefahr droht oder es zu wenig Wasser gibt.

Um uns an nasse Felsen zu heften, verspritzen wir eine Art Flüssigkleber, der im Wasser schnell trocknet und feine, klebrige Fäden namens Muschelseide oder Byssus bildet. Die sehen ein bisschen aus wie Barthaare, sind aber so stark wie Bungeeseile.

WASSER REIN

WASSER RAUS

SCHALE

MUSCHELSEIDE

FUSS

BIOKLEBER

Muschelmuskeln

MUSCHEL KLEBER

ZUSAMMENHALTEN

DRANBLEIBEN

Moules marinières

GOING with the FLOW

Inspiriert von unserer biologischen Brillanz haben die Menschen unsere Klebefäden imitiert und einen umweltfreundlichen Klebstoff entwickelt. Muschelkleber ist stark, wasserfest und schadet der Tierwelt nicht. **Was damit alles repariert werden könnte: Schiffe, Pipelines und coole futuristische Unterwasserhäuser.**

... Teuflischer Eisenplattenkäfer ...

UNZERSTÖRBARER PANZER

Ich bin wohl der taffste Krabbler auf dem Planeten, deswegen auch mein Name: Teuflischer Eisenplattenkäfer. Ich lebe an der Westküste der USA, wo ihr mich unter Steinen oder Baumrinden findet. Ich kann zwar nicht fliegen, habe aber einen superharten Panzer, der dem Picken und Kneifen hungriger Vögel, Eidechsen oder Nager standhält. Nicht mal ein Auto kann mich zerquetschen!

DAS GEHEIMNIS MEINES SUPERHARTEN PANZERS

Ich bin wie ein winziger Panzer auf sechs Beinen gebaut: Mein Gehäuse ist flach, liegt recht tief und nimmt enormen Druck auf, ohne zu brechen. Andere Käfer öffnen die Flügel und heben ab, meine sind aber wie die Teile eines Puzzles miteinander verzahnt und formen einen unzerstörbaren Schild.

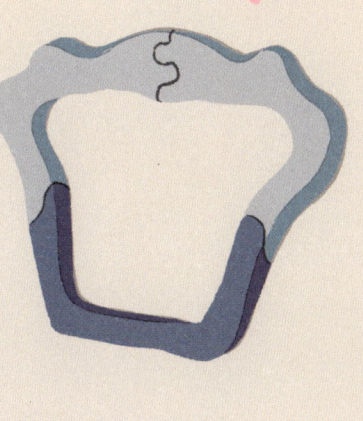

EIN AUTO KANN MIR NICHTS ANHABEN!

TEUFLISCH HART

UNZERSTÖRBARE MATERIALIEN

EISENHART

Jetzt, wo die Menschen das Geheimnis meines unzerbrechlichen Panzers gelüftet haben, versuchen sie, die Struktur zu imitieren, um Gebäude, Flugzeuge und andere Konstruktionen noch stärker und härter zu machen. In ein paar Millionen Jahren hatten wir ja genug Zeit, um unsere superharten Panzer zu entwickeln.

Unterschätze nie die Kraft eines kleinen Käfers!

··· Fangschreckenkrebs ···

SCHMETTERKEULE

Mich kleines Krustentier findest
du im Sand um ein Korallenriff.
Lass dich von meiner Farbenpracht
nicht täuschen! Ich bin der Inbegriff
von klein aber oho – ich habe den
schnellsten Schlag weit und breit.

Meine Vorderscheren sind wie zwei gefederte Keulen.
Ich schwinge sie schneller als du blinzelst, um die Schalen köstlicher Krabben
aufzuschlagen oder alles abzuschrecken, was mich fressen will. Mein Geheimnis?
Meine Scheren sind aus unterschiedlichen, kompliziert angeordneten Materialien,
was sie unglaublich stark und schlagfest macht.

Menschen sind verblüfft, dass eine winzige Kreatur wie ich immer wieder so kräftig zuschlagen kann, ohne auseinanderzubrechen. Sie wollen die Struktur meiner Keulenscheren imitieren, um neue Materialien für Dinge zu entwickeln, die hart und stoßfest sein sollen, wie Helme, Roboter, Flugzeuge oder Windturbinen.

Kein Wunder, dass sie mich SCHMETTERER nennen!

Weltrekorde

MUHAMMAD ALI

SCHMETTER

KREBS

WELTREKORD DER KRÄFTIGSTE SCHLAG IM TIERREICH

··· Darwins Rindenspinne ···
SPEKTAKULÄRE SEIDE

Ich kleine, unscheinbare Spinne habe sagenhaftes Talent zum Spinnen. Ich baue die weltgrößten Netze aus Seide. Meine Seide ist nicht gewöhnlich – sie ist das stärkste Naturmaterial auf Erden. Meine Heimat ist der tiefe Dschungel Madagaskars, wo ich gigantische, klebrige Netze über Flüssen spinne, um fliegende Insekten fürs Abendessen zu fangen.

Ich wurde zum Spinnen geboren! Mit meinen Spinnwarzen produziere ich verschiedene Arten von Seide. Für mein Netz schieße ich einen langen Seidenfaden in den Wind, der sich an einem Zweig oder Blatt auf der anderen Flussseite fängt. Sobald der Faden festsitzt, spaziere ich wie auf einem Drahtseil hinüber und spinne ein schönes spiraliges Netz.

NETZBAU

GRUNDGERÜST

FANGFÄDEN

VERSTÄRKTE VERBIN-DUNGSPUNKTE

ANATOMIE

BEIN

KIEFER-TASTER

AUGEN

HINTER-LEIB

SPINNWARZEN

SO LANG IST MEIN NETZ!

Menschen wissen seit Jahrtausenden über die außergewöhnlichen Eigenschaften von Spinnenseide Bescheid. Sie ist stark wie Stahl, aber so dehnbar wie Gummi. Sie ist sehr leicht, aber unglaublich fest. Enthüllen sie unser Geheimnis, können sie neue Materialien entwickeln, die leicht, aber superstark sind.

Eines Tages werden Brücken oder Gebäude vielleicht nicht mehr von Stahl, sondern von künstlicher Spinnenseide gehalten – nur Käfer fangen sie damit nicht!

31

··· Seeohr ···

GANZ SCHÖN HARTE SCHALE

Ich bin eine algenessende Meeresschnecke. Ich habe einen großen, gerüschten Fuß, der nicht wie eure Füße aussieht, mit dem ich aber an Felsen hängen kann. Aus Meeresmaterialien baue ich eine Schale, um mich vor Räubern zu schützen. Wie viele Meereslebewesen – aber MEINE ist die Härteste!

Unter dem öden Äußeren der Schale habe ich ein farbenprächtig schimmerndes Inneres versteckt. Dieses ist nicht nur schön, sondern auch superhart. Das Geheimnis ist der Aufbau – aus Schichten winziger Ziegel, die von dehnbarem Kleber zusammengehalten werden. So sind die Ziegel bei Druck verschiebbar, ohne zu zerbrechen.

Seit Jahrhunderten haben die Menschen aus Perlmuttschalen, wie ich sie habe, Schmuck, Knöpfe oder Musikinstrumente gemacht. Heute sind sie fasziniert davon, wie ich mein leichtes aber stabiles Haus baue – als Inspiration für neue ultrastarke Materialien, die sich ohne Hitze oder Maschinen zusammensetzen lassen.

Marine-Musterhäuser

Venuskamm

Riesen-
Flügelschnecke

Das nächste Mal, wenn du hübsche Muscheln am Strand siehst, denk daran, wie genial sie gebaut ist. **Das Meer ist voll unglaublicher Konstruktionen. Sehr inspirierend!**

Kaurischnecke

Schiffsboot

33

··· Gießkannenschwamm ···
HAUS AUS GLAS

Hey, ich bin keine Gießkanne!
**Auch wenn ich so heiße. Ich bin ein Tier
und lebe in der Dunkelheit der Tiefsee.** Ich habe
weder Mund, noch Gehirn, noch Herz oder Muskeln!
Im Gegensatz zu den meisten Tieren bin ich
am Meeresboden verankert und kann weder
schwimmen noch kriechen. Ich bestehe aus
einem langen Röhrenskelett, mit dem ich
Wasser in mich hineinpumpe und
die nötige Nahrung herausfiltere.

SKELETTNADELN

Mein Skelett hält starken Strömungen und Schubsern anderer Meeres-
bewohner stand, obwohl es aus Glas besteht. Mein Geheimnis?
Aus Meerwasser erschaffe ich winzige, spitze Glasstückchen –
die Skelettnadeln –, aus denen ich eine sehr starke Struktur baue.

Wie die meisten Meeresschwämme meiner Art habe ich ein Pärchen lebenslanger Mieter – zwei Krebse, die als Larven eingezogen sind und jetzt zu groß sind, um auszuziehen! Sie putzen meinen Korb und bekommen dafür Essen und ein sicheres Zuhause.

„DIE GURKE" GROSSBRITANNIEN

WASSER RAUS

WASSER REIN

Das Gebäude sieht vielleicht wie eine Essiggurke aus, wurde jedoch von mir inspiriert! Die gerundete Form und das Zickzackmuster imitieren mein Skelett. Die Struktur ist extra-stark und leitet Frischluft in das gesamte Gebäude. **Was ich unter Wasser leiste, leistet dieser Bau an der Luft.**

35

··· Regenwurm ···
ERDPRODUZENT

Ich bin ein bescheidener, sich windender Wurm. Ich bleibe gerne versteckt, arbeite jedoch hart unter deinen Füßen. Als tierischer Baumeister verwandle ich tote Pflanzen in „vitaminreiche" Erde für neue Pflanzen – auch die auf deinem Teller. Ich teile mein Fleckchen Erde mit Milliarden anderer Erdproduzenten, von Pilzen bis zu winzigen Krabblern.

ERD-PRODUZENT

MILBE

SPRINGSCHWANZ

Ich verbringe die meiste Zeit unter der Erde, außer dann und wann, wenn es regnet. Während ich durch die Erde pflüge, knabbere ich Reste von toten Pflanzen, deren wertvolle Inhaltsstoffe ich dann als Kacka für Pflanzen hinterlasse. Meine Tunnel lassen außerdem Luft und Wasser tief in den Boden eindringen und lockern die Erde auf. Pflanzen wachsen dank uns Würmern einfach besser.

Aber intensive Landwirtschaft bedroht unsere wichtige Arbeit und reichhaltige Erde geht verloren. Von uns inspiriert, finden Menschen neue Wege, um den Boden gesund zu halten. Das Geheimnis ist ein guter Abfluss und natürlicher Dünger. Und wir sind immer unterwegs, um den Lebensmittelabfall in guten Kompost für ihren Garten zu verwandeln.

Siehst du also viele von uns im Gemüsebeet, ist das sehr gut!

BAUMATERIALIEN

Willkommen in unserer Material-Bibliothek!
Wir tierischen Baumeister nehmen nur das Beste.
Design ist das A & O. Mit Zweigen, Blättern und Kieselsteinen
schaffen wir stabile Strukturen. Materialien, die gut
zu bearbeiten sind wie Schlamm oder dehnbar
wie Spinnweben, sind ideal zum Nestbau. Federn und Moos
sorgen für ein weiches, warmes Inneres und den
perfekten Kuschelfaktor. Alle Materialien, die wir nutzen,
sind total natürlich, abgesehen von ein wenig
menschlichem Krimskrams.

VON PFLANZEN

Aus Pflanzen, Spinnenseide & Flechten

ÄSTE & ZWEIGE
MOOS
FLECHTEN
Gras & Blätter
Blumen

VON TIEREN

SPINNWEBEN
MUSCHELN
FELL
DUNG
Federn

VON MINERALIEN

Aus Schlamm

NICHT empfohlen

DIE ZERSETZEN SICH NICHT VON ALLEINE!

Die Durian ist stinkig und stachlig,
aber ihre Form ist ziemlich clever.
Die gewaltigen Stacheln halten Vögel
und kleine Tiere auf Abstand, bis die Frucht
reif ist und sie zu Boden gefallen ist.
In der tropischen Sonne können die Samen
in der unversehrten Frucht auch nicht
so leicht überhitzen.

DURIAN

ESPLANADE THEATER, SINGAPUR

Dieses coole Gebäude lässt sich leicht mit
einer gigantischen Durian verwechseln!
Wie mein Lieblingsobst ist es mit Stacheln
bedeckt, die vor der Sonne schützen.
Spezielle Jalousien passen sich dem
Einfall des Sonnenlichts an, halten die
Hitze draußen, lassen aber Licht hinein.

Die Durian-Frucht mag man entweder
oder man hasst sie. Ich LIEBE sie
und menschliche Architekten sehen das
wohl genauso.

··· Weißflecken-Kugelfisch ···
KUNST IM SAND

Ich bin schüchtern und lebe in den warmen, flachen Gewässern des Pazifischen Ozeans. Die bunten Farben oder Streifen anderer tropischer Fische fehlen mir und ich schwimme ein wenig schwerfällig. Ich passe mich an und bin fast unsichtbar. Dafür habe ich ein geheimes künstlerisches Talent und mag harte Arbeit.

W. F. Kugelfisch

Ich habe dieses großartige Kunstwerk
auf dem Meeresboden nur mit zwei kleinen Flossen
als Werkzeugen geschaffen. Tag und Nacht durch-
pflüge ich den Sand. Durch Flossenschlagen schaffe
ich aus Kerben und Graten faszinierende Muster.
Das Highlight sind einige Muscheln als Dekoration.
Warum der ganze Aufwand? Um die beste Partnerin
zu finden und das beste Nest zu bauen!

HIER BIN ICH

Mein Werk weist eine perfekte Symmetrie auf, da eine Seite
die andere spiegelt. Das schaffe ich ganz ohne Lineal
oder Kompass. Menschen haben die symmetrischen Formen
der Natur schon immer bewundert und kopiert. Ich hoffe,
mein Liebesbeweis inspiriert noch weitere wunderschöne
Muster der Menschen.

43

··· Wüstenschnecke ···
COOLES WOHNMOBIL

Laaangsam krieche ich über den Boden und hinterlasse eine schleimige Spur.
Ich bin ein recht einfaches Tier. Mit meinem langen Muskelfuß stoße ich mich vorwärts und mit meinen zwei Stielaugen schaue ich hinauf, hinunter und rundherum. Die meisten meiner entfernten Verwandten leben an feuchten, dunklen Orten, versteckt unter Steinen und verrottetem Holz. Ich aber lebe in der heißen, kargen Wüste, fast ohne Wasser. Wie geht das?

HÄUSCHEN MEIN, GLÜCK ALLEIN ❤

Wie alle Schnecken trage ich mein Haus, das mit mir wächst, auf dem Rücken. Mein Schneckenhaus ist perfekt für das Leben in der brütenden Sonne, wo es kaum einen Unterschlupf gibt. Es ist kreideweiß und gekrümmt, um die Sonne zu reflektieren. Durch den kleinen Eingang bleibt die Hitze draußen. Die dicke, harte Schale schützt mich vor Räubern.

Damit ich in der Hitze nicht vertrockne, verbringe ich die meiste Zeit tief in meinem Spiralenhaus, wo es kühler ist. Nur an ein paar Tagen in der Regenzeit komme ich heraus, um nach Futter zu suchen. Beim ersten Anzeichen einer hungrigen Wüstenrennmaus bin ich wieder in meinem gemütlichen Haus! Dort kann ich jahrelang ohne Essen oder Wasser überleben.

Menschliche Baumeister lassen sich seit Jahrhunderten von Spiralen in der Natur inspirieren. Jetzt sind Form und Farbe meiner Schale Vorbild für ein neues Wüstenhaus, das auch ohne Klimaanlage schön kühl bleibt: das Curvy Desert Home. Das gekrümmte weiße Dach reflektiert das Sonnenlicht und die Menschen können im Inneren des Hauses der Hitze entfliehen, so wie ich.

Schließlich überleben wir seit Millionen Jahren in der Wüste und wissen, wie man einen kühlen Kopf bewahrt!

··· Pfau ···
LICHT–TRICKS

Ich gebe gerne an, um
Weibchen zu beeindrucken.
Anpassen ist keine Option –
nicht mit solch langen, farben-
prächtigen Schwanzfedern!
Um meine herrlichen „Augen"
zu zeigen, öffne ich die Federn
wie einen Fächer und schüttle sie.
Geradezu magisch ändern sie
im Licht die Farbe.

Die Farben der meisten Tiere und
Pflanzen kommen von Pigmenten.
Diese absorbieren alle Farben,
aus denen Licht besteht, außer der,
die du siehst und die zurück ins Auge
reflektiert wird. Ich habe jedoch einen
anderen Trick. Winzige Grate auf
der Oberfläche brechen das Licht in
brillante Gelb-, Grün- und Blautöne.
Wenn ich daher stolziere, scheinen
sich die Farben meiner Schwanzfedern
zu verändern.

KEINE FEDERN LASSEN

PRÄCHTIGE FEDERN

RATGEBER RADSCHLAGEN

DER STOLZE PFAU

Mein extravagantes Federkleid hat die Menschen immer schon fasziniert.
Mit meinen cleveren Kniffs könnten sie Farben oder Baumaterialien entwickeln,
die mit Licht Farben erzeugen, wie meine Federn. Oder für hellere, buntere
Smartphone- und Computerbildschirme, die weniger Energie benötigen.

Meine von Natur aus brillanten Farben sind immer ein Hingucker!

SPITZEN NESTBAUMEISTER

Wie baut man nur mit Schnäbeln, Krallen, Pflanzen und Zweigen ein Haus? Den Preis für geniales Design gewinnen Vögel! Lerne einige unserer Meisterbauer kennen, die lokale Materialien in super Gebäude verwandeln, ganz ohne Abfall!

Schneidervögel

AKRIBISCHE NÄHARBEIT

Wir nutzen unsere langen Schnäbel als Nadeln, um an den Blatträndern Löcher zu stechen, die wir mit einem Faden aus Spinnenseide oder Pflanzenfasern zusammennähen. Im Blattinneren weben wir ein Nest aus Gras, das wir mit weichen Federn und Fell auslegen, damit unsere Babys es warm und kuschlig haben. Die frischen grünen Blätter sind die perfekte Tarnung!

Pieperwaldsänger

MEISTER-BILDHAUER

Nach dem Regen sammeln wir Kügelchen aus Schlamm, die wir mit Pflanzenteilen vermischen und zu einer Art Kugel mit einem schmalen Eingang formen. Im Inneren gibt es ein Zimmer mit Trennwand, damit unsere Jungen sicher sind. Die tropische Sonne bäckt unser Nest hart wie Stein.

ZIMMER

Webervögel
HÄNGENDES HAUS

Für unser hängendes Haus schneiden wir mit unseren kurzen stumpfen Schnäbeln lange Halme aus Gras und Blättern. Dann verweben wir diese ordentlich zu Nestern – für besonderen Schutz gerne an Zweigen über Wasser. Ein langer röhrenförmiger Eingang und ein gemütliches Inneres aus Gras und Federn geben den letzten Schliff. Oft bauen wir unsere Nester nahe zusammen, da wir gerne tratschen und zwitschern.

Menschen
NATIONALSTADION PEKING, CHINA

Dieses gigantische Nest aus Stahl wird auch „Vogelnest" genannt, wurde aber eindeutig nicht von unseren gefiederten Freunden gebaut – erinnert jedoch an deren Designs. Das solide, für die Olympischen Spiele errichtete Gebäude hält sogar Erdbeben stand!

OLYMPISCHE SOMMERSPIELE 2008

49

··· Orientalische Hornisse ···

SOLARBETRIEBEN

Wie Bienen sind wir sehr eifrig und leben in großen Kolonien unter einer Königin. Wir wohnen an heißen, sonnigen Orten, also graben wir uns kühle Untergrundnester. Unser Speichel verwandelt Erde in ein hartes Material, aus dem wir perfekte sechseckige Zellen für unsere Jungen bauen.

Im Gegensatz zu Bienen arbeiten wir härter, wenn die Sonne so richtig blendet und es glühend heiß ist. Weil wir nämlich solarbetriebene Wunder sind! Unsere strahlend gelben und braunen Streifen enthalten bestimmte Substanzen, die Sonnenlicht einfangen und in Elektrizität umwandeln. Das verleiht uns Extra-Energie zum Graben und Fliegen.

Wir hatten Jahrmillionen Zeit, um unsere Solarzellen zu perfektionieren, sind den Menschen also weit voraus, wenn es um Solarenergie geht! Mit unserer Hilfe wollen sie effizientere Methoden finden, um Energie aus der Sonne zu gewinnen und damit Gebäude und Maschinen zu betreiben.

In Zukunft sind wir für unsere Solarkraft vielleicht berühmter als für unsere Stechkraft!

··· Glühwürmchen ···
FLIEGENDE LATERNE

Ich bin ein Glühwürmchen, aber kein Wurm, sondern ein kleiner geflügelter Käfer mit Zauberkraft. Ich glühe im Dunkeln! Wenn die Nacht anbricht, nehme ich meine Speziallaterne, um Partner zu beeindrucken oder Räuber abzuschrecken. Ein eigenes Licht ist praktisch, da ich die Nacht liebe und gerne unter den Sternen funkle.

Wie erzeuge ich dieses magische Glühen? Lass mich etwas Licht ins Dunkle bringen: Das hat mit Chemie zu tun. Jedes Flackern wird von einer chemischen Reaktion in meinem Körper ausgelöst. Verbinden sich die Chemikalien miteinander, entsteht ein Licht mit sehr wenig Hitze. Ich bin also die energieeffizienteste Glühbirne aller Zeiten.

Unter dem Mikroskop haben die Menschen entdeckt, dass mein Glühen durch die Form meiner Laterne noch verstärkt wird. Die Oberfläche ist von winzigen gezackten Schuppen bedeckt, die in unterschiedlichen Winkeln hervorstehen. Sie streuen das Licht und lassen mich noch mehr strahlen.

Kein Wunder, dass meine Lichtshow die Menschen beeindruckt hat! Die Form meiner Laterne könnte ihre Glühbirnen effizienter machen und Energie sparen.

Wenn du das nächste Mal ein Glühwürmchen siehst, denk daran, dass unser Flackern nicht nur ein nächtliches Wunder ist. Es ist vielleicht der Schlüssel zu einer helleren Welt!

··· Präriehund ···
FRISCHE HÖHLE

Die Menschen nennen mich Präriehund, dabei bin ich gar kein Hund. Vielleicht, weil ich laut belle, wenn Gefahr droht. Ich bin ein niedlicher, runder Nager, der in der offenen Prärie Nordamerikas durch seine Höhlen huscht. Außerdem bin ich sehr gesellig. Ich lebe mit tausenden in einer Gruppe, die Stadt heißt. Wir begrüßen einander mit Küsschen.

KINDERSTUBE

Dank unserer scharfen Krallen sind wir Grabexperten. Wir graben damit unsere berühmten Höhlen ... wenn wir nicht gerade Gras, Wurzeln und Samen hamstern. Unsere Untergrundhöhlen können riesig sein, mit etlichen Eingängen und Tunneln. Wir haben eigene Räume für Kinder, zum Schlafen, für Horchposten und sogar Toiletten.

Und das ist noch nicht alles. Wir haben eine coole Lösung, um unsere langen Tunnel mit Frischluft zu versorgen. Es ist ganz einfach: Wir bauen zwei Eingänge, einer höher als der andere. Weil die Luft sich oben schneller bewegt, saugt der obere Eingang abgestandene Luft ab, während Frischluft in den niedrigeren dringt. So herrscht im Bau immer eine Brise. Und der Erdwall, den wir für den höheren Eingang bauen, dient als Ausguck, um hungrige Dachse, Kojoten oder Adler zu erspähen.

SCHLAFZIMMER

Menschen benutzen in ihren Gebäuden riesige Maschinen, um frische Luft hinein und alte Luft rauszupusten. Unsere natürliche Klimaanlage könnte die Lösung zum Kühlen und Erneuern der Luft in den Gebäuden sein – ganz ohne Energie!

Man muss einfach nur wissen, wie man den Wind nutzt.

TOILETTE

··· Termite ···

KLIMAANLAGEN-TURM

ZENTRALER SCHLOT

PILZ-ZUCHT

EG-EINGANG

KÖNIGINNEN-ZELLE

KINDER-STUBE

Ich teile mein Zuhause **mit Millionen Freunden und hier geht es ziemlich ab.** Als Arbeiter-Termite hört mein Job nie auf. Wenn ich nicht gerade das Nest baue oder repariere, sammle ich Essen, sorge für die Königin, trage die Eier ins Kinderzimmer und ziehe die Jungen auf. Ich sorge auch für den Pilzgarten, unsere Hauptnahrungsquelle. Soldaten-Termiten mit ihren bedrohlichen Mundwerkzeugen schützen die Kolonie währenddessen vor Armeen tödlicher plündernder Ameisen.

Wir Arbeits-Termiten sind nur so klein wie ein Reiskorn, aber wir wissen, wie man groß baut. Aus Erdklumpen, Speichel und Dung konstruieren wir Wolkenkratzer – zumindest für Termiten! Das Leben in der heißen Savanne verlangt nach Kreativität, also haben wir unsere eigene Klimaanlage entwickelt. Wir bauen ein Netzwerk aus Tunneln, Kaminen und Luftlöchern, um kühle, frische Luft in unser Nest darunter zu leiten und heiße, abgestandene Luft entweichen zu lassen.

UNSERE KÖNIGIN

BAUEN MIT SPUCKE UND KACKA

UNTERGRUNDLEBEN

PILZGARTEN

Bleib cool

Inspiriert von unseren turmhohen Häusern, bauen die Menschen jetzt Gebäude, die sich im heißen Klima selbst kühlen können. Wie unsere Hügel haben sie Röhren, Schlote und Wände, die Luft durchfließen lassen und ihre Bewohner kühl und frisch halten. Das spart auch eine Menge Energie.

Wenn es um natürliche Aircondition geht, sollten die Menschen mal einen Blick in unsere Baupläne werfen.

··· Tukan ···

COOLER SCHNABEL

Meine Heimat ist der heiße, dunstige Dschungel Südamerikas und das Beste an mir ist mein großer Schnabel. Ich sehe damit nicht nur total lässig aus, er ist auch das perfekte Werkzeug, um Früchte von den Zweigen zu pflücken. Mein Schnabel wirkt vielleicht schwer und sperrig, ist aber überraschend leicht und kräftig. Seine Oberfläche besteht aus dem gleichen Material wie deine Fingernägel und das Innere ist wie eine Honigwabe voller Lufttaschen.

DER KLIMA–INGENIEUR

SCHMUCKE SCHNÄBEL

ÜBERLEBEN IM REGENWALD

SÜD-AMERIKA

Apropos Abkühlung in den heißen Tropen:
Da schießt mein riesiger Schnabel den Vogel ab!
Er ist mit Blutgefäßen ausgekleidet. Ist es heiß,
presse ich mehr Blut in den Schnabel, um die Hitze
entweichen zu lassen und kühl zu bleiben.
Ist es in der Nacht kalt, reduziere ich den Blutfluss,
um die Hitze zu halten.

··· Baum ···
KRAFTWERK

Die Blätter des Baums sind wie kleine Solarpaneele, die aus Sonnenenergie Nahrung produzieren. Sie geben den Sauerstoff ab, den alle Tiere zum Leben brauchen. Der Baum transportiert auch – ohne Pumpe – eine Menge Wasser von den Wurzeln zu den Ästen. Die alte Eiche ist ein Muster für natürliches Ingenieurswesen.

SONNENLICHT

KOHLEN—DIOXID

SAUERSTOFF

WILLKOMMEN ALLERSEITS

Menschen wissen, dass das Verbrennen von Kohle, Öl und Gas nicht gut für den Planeten ist. Dank Bäumen wie meinem finden sie bessere Möglichkeiten, Sonnenenergie einzufangen und zu speichern, um Häuser und Städte zu beleuchten.

Diese coole Straßenlampe mit dem langen grünen Stamm und den blattartigen Solarpaneelen nutzt Sonnenenergie, um Strom zu erzeugen. Erfunden hat den „Solarbaum" der britische Designer Ross Lovegrove. **Schaut aus wie ein Baum und funktioniert wie einer!**

COOL BLEIBEN

Um kühl zu bleiben, bauen einige Tiere ihre Häuser mit eigener Klimaanlage,
während andere nach schattigen Plätzchen suchen oder sich mit Wasser einsprühen.
Andere haben andere ungewöhnliche Methoden gefunden – finde heraus, welche!

Kalifornischer Eselhase
KLIMA-OHREN

Dank meiner sehr langen Ohren habe ich es
in der heißen amerikanischen Wüste,
wo ich lebe, immer schön kühl.
Meine Ohren sind voller Blutgefäße und
funktionieren wie eine Mini-Klimaanlage.
Wenn es zu heiß wird, fließt mehr Blut
in meine Ohren, lässt Hitze entweichen
und kühlt mich ab. Auch Gefahren höre ich
mit meinen großen Ohren schneller.

Silberameise
KRABBELNDER SPIEGEL

Ich lebe in der glühend heißen Sahara und
meine Abkühl-Strategie ist besonders cool.
Oben und an den Seiten ist mein Körper mit
speziellen silbernen Haaren bedeckt, die
das Sonnenlicht reflektieren und brechen.
Sie schützen mich nicht nur vor der Hitze,
sondern lassen mich auch echt schick
metallisch glitzern.

Purpurner Seestern
WASSERPUMPE

Das Leben an felsigen Küsten zwischen Ebbe und Flut ist hart. Zieht das Wasser sich zurück, während ich gerade Muscheln mampfe, setzt die Sonne mir zu. Ich habe eine einzigartige Technik, um Überhitzung zu vermeiden: Bei Flut sauge ich Unmengen an kaltem Meerwasser auf, wodurch mein ganzer Körper kühl bleibt, wenn die Ebbe kommt.

Kap-Borstenhörnchen
EINGEBAUTER SONNENSCHIRM

Sonnenschirme sind keine neue Erfindung. Kap-Borstenhörnchen wie ich benutzen sie seit Millionen von Jahren. Wie? Na mit unserem Schwanz! Ich nutze meinen langen buschigen Schwanz, um mich vor der heißen Sonne Südafrikas zu schützen. Wird die Hitze unerträglich, kann ich immer noch in meinen kühlen Bau zurück.

Kein Wunder, dass Menschen uns zu den coolsten Kühllösungen befragen. Mit unserer Hilfe finden sie eines Tages vielleicht bessere Lösungen, um ihre Gebäude und Maschinen energiesparend zu kühlen.

··· Kamel ···
WASSERSPARENDE NASE

Stell dir einen Ort mit riesigen Sand-dünen, sehr wenig Wasser und einer glühend heißen Sonne vor. Das ist mein **Zuhause: die Wüste.** Glücklicherweise bin ich dafür perfekt ausgestattet. Mein struppiges Fell schützt mich vor der Sonne und mein Höcker speichert Fett für karge Zeiten. Meine langen Wimpern sehen nicht nur richtig gut aus, sie schützen meine Augen auch vor Sand.

Meine Vorfahren haben Menschen und schwere Lasten tausende von Jahren durch die Wüste befördert. Wir wurden immer für unsere außergewöhnliche Eigenschaft bewundert, wochenlang ohne Wasser auszukommen. Kürzlich entdeckten Menschen, wie das geht. Das liegt nur an unserer klug designten Nase!

FEUCHTE OBERFLÄCHE

HEISSE LUFT

KÜHLE LUFT

KÜHLE OBERFLÄCHE

KONDENSIERTES WASSER

Ich kann nicht nur die Nasenflügel schließen, damit kein Sand eindringt, meine Nase hilft mir auch beim Wasser sparen. Alle Lebewesen – auch du – stoßen ein wenig Wasser in Form von Dampf aus, wenn sie ausatmen. Dank des besonderen Belags meines Naseninneren kann ich diese Feuchtigkeit einfangen und zurück in meinen Körper leiten. Wenn ich ausatme, kühlt sich die Luft ab und kondensiert entlang meiner Nase zu Wasser.

WÜSTENGÄRTNERN

TREIBHAUS

Nach der Entdeckung meines Nasentricks wollen die Menschen die Methode, mit der ich Feuchtigkeit aus der Luft ziehe, nutzen, um die Wüste erblühen zu lassen. Das wäre eine tolle Methode für Orte, wo es wenig regnet, wie in Treibhäusern, oder wenn man Trinkwasser speichern möchte. **Meine Nase ist jetzt berühmter als mein Höcker.**

··· Dornteufel ···
WASSERPUMPE

Ich lebe als Einzelgänger in der Wüste Australiens. Trotz meines stachligen Äußeren bin ich echt harmlos, es sei denn, du bist eine Ameise! Ich esse Tausende in einer einzigen Mahlzeit. Wie du siehst, bin ich vom Kopf bis zum Schwanz mit Dornen bestückt, was mich zu einem echt unbeliebten Snack macht, abgesehen von wirklich sehr verzweifelten Vögeln und Schlangen.

Ich trinke auf sehr ungewöhnliche Art und Weise – nämlich mit meiner Haut! Da es hier kaum regnet, brauche ich jeden Tropfen. Zwischen meinen Dornen verlaufen kleinen Rillen bis zu meinem Mund. Zum Trinken spritze ich vom Morgentau feuchten Sand auf meine Haut und entziehe ihm die Feuchtigkeit wie einem Schwamm.

AUSTRALIEN

DU BIST HIER X

TERRITORIUM DES DORNTEUFELS

Die Menschen untersuchen, wie ich das Wasser ohne Pumpe oder Energie bis zu meinem Mund flie-ßen lassen kann. Meine einzigartige Trinktechnik ist vielleicht der Schlüssel für bessere Möglichkeiten, um Wasser auf hohe Gebäude zu pumpen oder zu sammeln, wenn es wenig regnet.

Die Dornteufel-Lösung für ein dornenreiches Problem!

··· Feuchtgebiet ···
WASSERFILTER

Ich bin eine scheue Wühlmaus, die zwischen Land und Wasser hin und her pendelt. Um dieses halb-aquatische Leben zu erleichtern, grabe ich meinen Bau in grasige Flussufer, mit vielen Eingängen über und unter Wasser. Da gibt es genug Pflanzen zum Knabbern und viele Fluchtwege. Beim Anblick eines großen Nerzes kann ich schnell in meinen Bau verduften.

SCHMUTZWASSER

SAUBERES WASSER

MAUS & FREUNDE

Ich erzähle euch etwas über die fantastischen Pflanzen, die in den wässrigen Feuchtgebieten meiner Heimat wachsen. Sie sind nicht nur mein Lieblingsfutter, sondern dienen auch als Wasserfilter. Binsen zum Beispiel. Ihre dichten Blätter und die verstrickten Wurzeln lassen das Wasser langsamer vom Land in den Fluss fließen und reinigen es außerdem.

SCHÜTZT
DIE
FEUCHTGEBIETE

WIND in den WEIDEN

Die Menschen schauen sich einiges von der Natur ab, um Ordnung zu schaffen. Vieles was sie tun, um Nahrung auf Feldern wachsen zu lassen oder Dinge in Fabriken herzustellen, verschmutzt Flüsse und Seen. Sie beginnen nun mit dem Bau künstlicher Feuchtgebiete wie unserem, um ihr Wasser zu reinigen. **Gute Neuigkeiten für uns und auch für unsere Flüsse!**

UMWELTFREUNDLICHE VERPACKUNG

Pflanzen haben erstaunliche Verpackungen, um ihre Samen und Früchte
zu schützen. Denk nur an Pinienzapfen, Eicheln und Bananenschalen.
Aber auch einige Tiere sind Experten für Verpackungen, mit denen sie
ihre Jungen schützen. Hier sind einige der Topspezialisten!

Vogel Strauß
EIER-VERPACKUNG

Wir Vögel legen Eier mit harter Schale, um unsere
Küken zu schützen, bevor sie schlüpfen.
Eier bieten ausreichend Nahrung und Wasser
und lassen die Luft ein- und ausströmen,
damit die Kleinen atmen können. Obwohl ich
der schwerste Vogel der Welt bin, sitze auch ich
auf meinen Eiern, ohne sie zu zerbrechen.
Das nenne ich kluge Verpackung!

Kleines Nachtpfauenauge
SEIDENKOKON

Nachtfalter wie ich beginnen ihr Leben
als winziges Ei und wachsen rasch
zu hungrigen, haarigen Raupen.
Ist die Zeit reif, uns in wunderschöne
Falter zu verwandeln, suchen wir ein
verstecktes Plätzchen zwischen Pflanzen
und spinnen einen stabilen Kokon
aus grober brauner Seide.
Sind wir bereit, bricht der Kokon
einfach auf und wir schlüpfen.

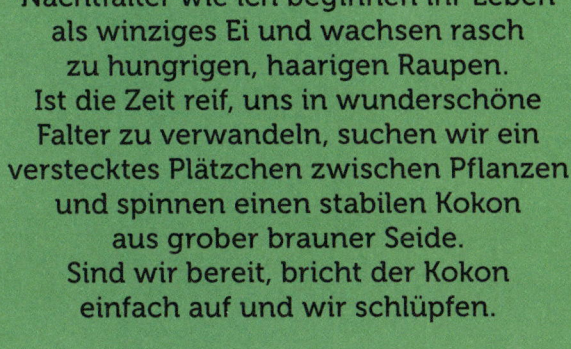

Grauer Baumfrosch
LUFTPOLSTERFOLIE

Ich habe eine absolute Schwäche für Knallfolie!
Für mein Nest suche ich einen Zweig über dem
Wasser und produziere eine klebrige Flüssigkeit,
die ich mit den Hinterbeinen zu Schaum schlage.
Da hinein lege ich meine Eier. Die Sonne
trocknet das Äußere zu einer harten Kruste.
Wenn meine Kaulquappen schlüpfen,
fallen sie direkt ins Wasser.
Plopp! Plopp! Plopp!

Im Gegensatz zu menschlichen Verpackungen verschwinden oder zersetzen sich unsere Eier,
Kokons oder Blasen im Laufe der Zeit – ganz ohne Müll. Das Gute ist, dass die Menschen
unserem Vorbild folgen, um Verpackungen zu erfinden, die das Gleiche können.

TIERBAU-SCHULE

Willkommen in unserer Bauschule, wo wir unsere besten Tricks und Strategien verraten, die menschlichen Baumeistern bei schwierigen Problemen helfen. Bei uns gibt es vieles zu entdecken, das euch hoffentlich zu neuen Ideen inspiriert!

☑ WÜRFELFÖRMIG

☑ ROLLT NICHT WEG

☑ LÄSST SICH STAPELN

☑ STINKT NICHT!

Wombat
WÜRFELFÖRMIGES KACKA

Ich pelziges Tierchen aus Australien habe ein erstaunliches Grabtalent und eine seltsame Angewohnheit – ich produziere würfelförmiges Kacka! Mit den Würfeln, die nicht wegrollen können, markiere ich mein Territorium. Könnte diese ungewöhnliche Fähigkeit Menschen dazu bringen, ihre eigenen würfelförmigen Objekte zu entwerfen, ohne sie gießen oder in Form schneiden zu müssen?

PANZERSCHUTZ

Pst! Ich bin recht scheu und langsam, aber mit der besten Rüstung ausgestattet. Vom Kopf bis zu den Klauen bin ich von überlappenden Schuppen bedeckt. Droht Gefahr, rolle ich mich zu einer kleinen Kugel zusammen, um mich zu schützen. Könnte meine einzigartige Panzerung neue Arten von Dächern mit flexiblen Schuppen anregen?

Sternmull

SUPER– SENSIBLE NASE

Ich bin ein kleiner Maulwurf mit schaufelähnlichen Pfoten und einer Stern-Nase. Ich verbringe die meiste Zeit unter der Erde in völliger Dunkelheit. Mit meiner ungewöhnlichen Nase nehme ich die Welt um mich herum wahr. Könnte ich clevere Maschinen inspirieren, die ihren Weg in der Dunkelheit erfühlen?

Bei deinem nächsten Spaziergang in der Natur schau' dir Tiere und Pflanzen um dich herum genau an. Die nächste coole Bauidee versteckt sich vielleicht unter einem Stein oder in einem Baum!

PREISVERLEIHUNG

Alle tierischen Baumeister in diesem Buch haben außergewöhn-
liche Fähigkeiten und Talente, vom Graben und Weben bis hin zu
Lichtdesign und Innenausstattung. Kannst du die Pokale und
Medaillen ihren Preisträgern zuordnen?

Darwins Rindenspinne

Schneidervogel

Biene, Ameise & Termite

Regenwurm

Präriehund

Glühwürmchen

Kugelfisch

Laubenvogel

Biber

Webervogel

Eisenplatten-
käfer

Pfau

BESTER
GRÄBER

BESTER

Recycler

BESTER
NÄHER

BESTES

TEAM
WORK

BESTER
WEBER

BESTE
FARBEN

BESTER

DAMM-
BAU

BESTE
BELEUCHTUNG

BESTE
SCHUTZ-
AUS-
RÜSTUNG

1

BESTE
DEKORATION

BESTER
KÜNSTLER

Bester
Spinner

INDEX

ANTWORTEN PREISVERLEIHUNG

Bester Gräber: **Präriehund**
Bester Recycler: **Regenwurm**
Bester Näher: **Schneidervogel**
Bestes Teamwork: **Biene, Ameise & Termite**
Bester Weber: **Webervogel**
Beste Farben: **Pfau**
Bester Damm-Bau: **Biber**
Beste Beleuchtung: **Glühwürmchen**
Beste Schutzausrüstung: **Eisenplattenkäfer**
Beste Dekoration: **Laubenvogel**
Bester Künstler: **Kugelfisch**
Bester Spinner: **Darwins Rindenspinne**

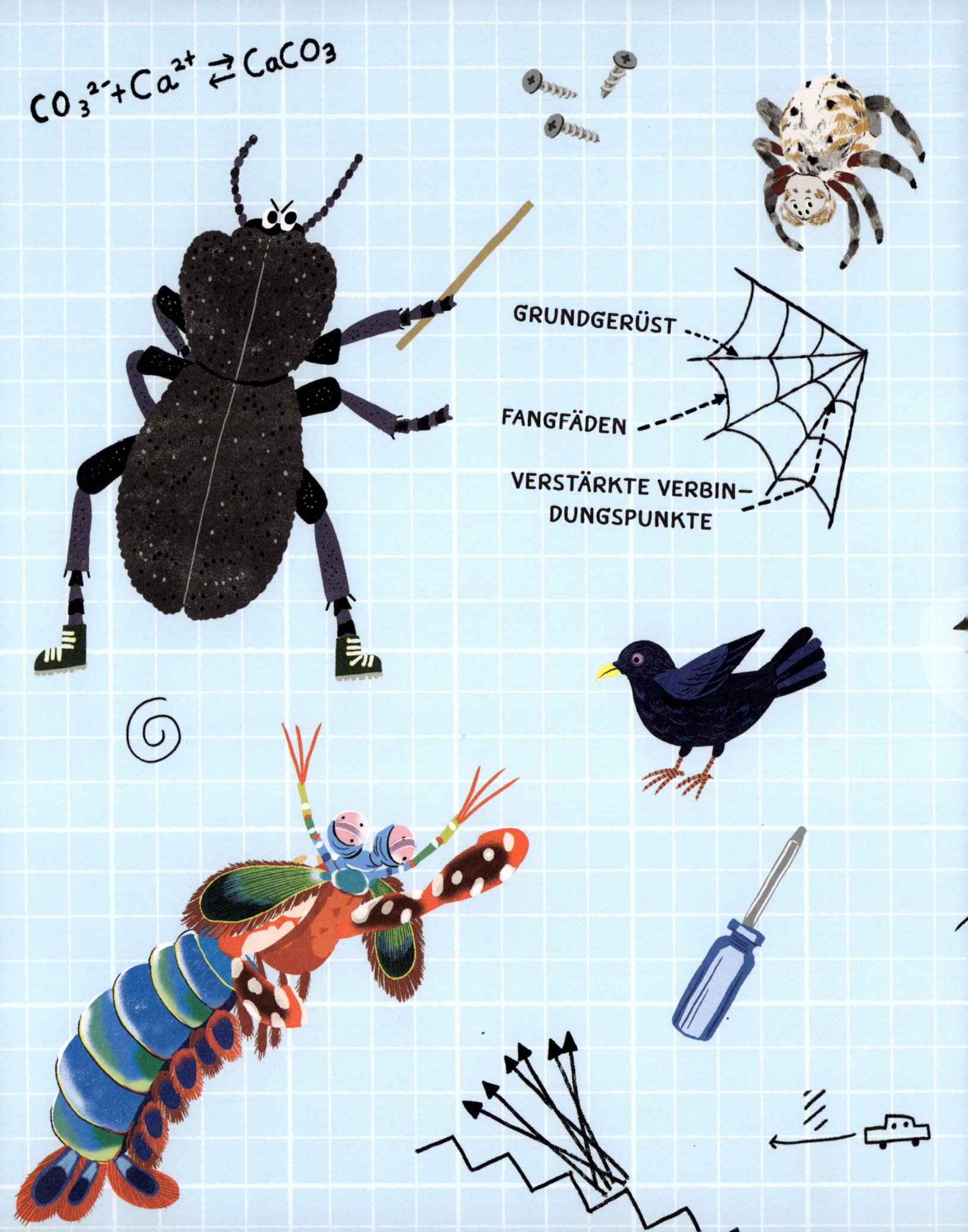